Miguel de Cervantes Saavedra

El retablo de las maravillas

Edición de Abraham Madroñal

Barcelona 2024
Linkgua-ediciones.com

Créditos

Título original: El retablo de las maravillas.

© 2024, Red ediciones S.L.

e-mail: info@linkgua.com

Diseño de cubierta: Michel Mallard.

ISBN rústica ilustrada: 978-84-1126-806-6.
ISBN ebook: 978-84-9953-117-5.

Sumario

Presentación

Preliminar

El cuento que da origen al entremés tiene origen folklórico y es uno de los más extendidos en muy diferentes culturas; en España se remonta por lo menos al siglo XIV, porque aparece en la obra de don Juan Manuel, *El conde Lucanor* (1335), donde se introduce con el título de «Lo que sucedió a un rey con los burladores que hicieron el paño». Parece que esta obra medieval sirve de fuente a la conocida versión del cuento de Andersen, «El traje nuevo del emperador», también conocido como «El rey desnudo», que se publicó en 1837 entre sus cuentos para niños.

En la literatura española del Siglo de Oro, hay al menos tres piezas teatrales que comparten este mismo contenido, las dos que tienen por título *El retablo de las maravillas*, la que nos ocupa de Miguel de Cervantes y la de Luis Quiñones de Benavente, recogida en su antología titulada *Jocoseria* (1645), y un fragmento de la comedia *El lacayo fingido* (1593) de Lope de Vega, que también hace aparecer el mismo asunto de los tejedores de la tela de viento, acaso inspirador del entremés cervantino o, lo que parece más probable, con una fuente común de por medio.

El entremés de Cervantes se publica en su recopilación teatral *Ocho comedias y ocho entremeses nuevos nunca representados* (1615). Pero la fecha que se ha dado a la obrita que nos ocupa se mueve entre los años 1599 y 1603; otros estudiosos la consideran pieza muy temprana (en torno a 1587), y todavía algunos sugieren lo contrario como fecha de escritura (hacia 1611).

La inclusión del motivo de la condición de cristiano viejo para ver el retablo es genial creación cervantina, porque ni

Lope ni Quiñones la muestran en sus obras, el primero habla solo de ser hijo legítimo y el segundo de tener «alguna desigualdad en el cabello» o, lo que es lo mismo, ser cornudo. Esta pieza de Quiñones serviría también como fuente a otro entremesista barroco, Francisco de Avellaneda, que copia partes incluso textualmente en su *Entremés de los rábanos y la fiesta de toros* (1664).

El cambio de la prosa al verso en el entremés y el hecho de que este género se hiciera cortesano y atrajera incluso la atención del rey y la nobleza pudo originar la pérdida de la carga satírica que contenía la pieza cervantina y se convirtiese, mucho más moderada, en la sonrisa amable que despertaba el entremés de Quiñones, muy poco posterior al primero.

Sobre su actualidad podemos señalar las numerosas representaciones y adaptaciones que se han hecho de la pieza hasta nuestros días y quizá entre todas ellas hay que destacar la que llevó a cabo el grupo Els Joglars en 2004, donde el mensaje del entremés se adapta a nuevas realidades de nuestro tiempo.

Sea como fuere, *El retablo de las maravillas* se suele considerar una pieza maestra, quizá una de las mejores de su autor, después del *Quijote*. Hemos seguido para su edición la primera, contenida en *Ocho comedias y ocho entremeses nuevos* (1615), cuyo texto hemos modernizado respetuosamente, sin traicionar la morfosintaxis o el léxico del original, mediante la actualización ortográfica de todo aquello que no tiene valor fonológico. Nuestra intención ha sido acercar el texto a cualquier lector y en las notas pretendemos ofrecer simplemente una breve explicación del sentido de las palabras, frases o nombres propios.

Abraham Madroñal

Entremés del retablo de las maravillas

[Personajes

Benito Repollo[1]
Chanfalla[2]
Furrier de compañías[3]
Gobernador
Juan Castrado[4]
Juana Castrada
La Chirinos
Pedro Capacho[5]
Rabelín[6]
Sobrino
Teresa Repollo]

1   Nombre motivado que probablemente alude al aspecto regor-
    dete del personaje (similar al de una berza o repollo).
2   Chanfalla y la Cherinos: una compañía ambulante compuesta
    por dos actores se denominaba *ñaque* en el Siglo de Oro. Tanto
    Chanfalla como *Chirinos* son nombres extraños en la tradición
    dramática española, acaso de procedencia italiana.
3   Furrier o *furriel*, oficial dentro de una compañía de soldados,
    que entre otras misiones de intendencia tenía a su cargo el alo-
    jamiento de la tropa.
4   El apellido alude a quien ha sufrido la castración, de manera que
    no puede reproducirse.
5   Aunque capacho significa «espuerta», no es descartable que ten-
    ga que ver con el verbo *capar*, es decir, «castrar».
6   El *rabel* es un instrumento de cuerda frotada, que aquí daría
    nombre al músico que lo toca.

Salen Chanfalla y la Cherinos.

Chanfalla   No se te pasen de la memoria,[7] Chirinos, mis advertimientos,[8] principalmente los que te he dado para este nuevo embuste, que ha de salir tan a luz como el pasado del llovista.[9]

Chirinos   Chanfalla ilustre, lo que en mí fuere tenlo como de molde, que tanta memoria tengo como entendimiento, a quien se junta una voluntad de acertar a satisfacerte, que excede a las demás potencias. Pero dime: ¿de qué sirve este rabelín[10] que hemos tomado? ¿Nosotros dos solos no pudiéramos salir con esta empresa?

Chanfalla   Habíamosle menester[11] como el pan de la boca para tocar en los espacios[12] que tardaren en salir las figuras del retablo de las maravillas.

7   No se te olviden.
8   Lo mismo que advertencias.
9   Otra burla similar a la que aquí se va a presentar, quizá un entremés perdido de Cervantes.
10   Músico que toca el rabel, instrumento de cuerda. Aquí en diminutivo por lo pequeño que es.
11   Le necesitábamos.
12   Es decir, en los intermedios entre figura y figura.

Chirinos   Maravilla será si no nos apedrean por solo el rabelín, porque tan desventurada criaturilla[13] no la he visto en todos los días de mi vida.

Entra el rabelín.

Rabelín   ¿Hase de hacer algo en este pueblo, señor autor? Que ya me muero porque vuestra merced vea que no me tomó a carga cerrada.[14]

Chirinos   Cuatro cuerpos de los vuestros no harán un tercio, cuanto más una carga.[15] Si no sois más gran músico que grande, ¡medrados estamos![16]

Rabelín   Ello dirá, que en verdad que me han escrito para entrar en una compañía de partes[17] por chico que soy.

Chanfalla   Si os han de dar la parte a medida del cuerpo, casi será invisible.
Chirinos, poco a poco estamos ya en el pueblo y estos que aquí vienen deben de ser, como lo son

---

13   De aspecto pobre por su físico.
14   Es decir, inútilmente por no ver lo que se tomaba.
15   Se juega de palabra entre un *tercio* y una *carga*, interpretando esta palabra con doble sentido.
16   Estamos arreglados.
17   Una compañía de teatro, que se denominaba así por repartir la parte correspondiente a cada actor, después de haber depositado toda la ganancia en una caja común.

sin duda, el gobernador y los alcaldes.[18] Salgámosles al encuentro y date un filo a la lengua en la piedra de la adulación,[19] pero no despuntes de aguda.[20]

Salen el gobernador y Benito Repollo, alcalde, Juan Castrado, regidor, y Pedro Capacho, escribano.

Beso a vuestras mercedes las manos. ¿Quién de vuestras mercedes es el gobernador deste pueblo?

Gobernador Yo soy el gobernador ¿Qué es lo que queréis, buen hombre?

Chanfalla A tener yo dos onzas[21] de entendimiento, hubiera echado de ver que esa peripatética[22] y an-

---

18 Era normal en la época que hubiera dos alcaldes en una villa, uno para los hidalgos y otro para los que no tenían esa condición; por su parte, el gobernador equivale en otros lugares al corregidor o máxima autoridad del pueblo.

19 Es decir, hay que afilar la lengua con una piedra, en este caso y metafóricamente, la adulación.

20 Pero no por demasiado afilada se fuera a pasar de puntiaguda. La palabra que se usa aquí también con la acepción de «listo». Es decir, no te pases de lista.

21 La *onza* es una medida de masa.

22 Los peripatéticos eran los seguidores de la filosofía de Aristóteles; pero la palabra se usa aquí con la sola intención de adular al gobernador, utilizando un léxico grandilocuente.

churosa[23] presencia no podía ser de otro que del dignísimo gobernador deste honrado pueblo, que, con venirlo a ser de las Algarrobillas,[24] lo deseche vuestra merced.

Chirinos   En vida de la señora y de los señoritos,[25] si es que el señor gobernador los tiene.

Capacho   No es casado el señor gobernador.

Chirinos   Para cuando lo sea, que no se perderá nada.[26]

Gobernador   Y bien, ¿qué es lo que queréis, hombre honrado?

Chirinos   Honrados días viva vuestra merced, que así nos honra. En fin, la encina da bellotas; el pero,[27]

23   *Ancha*, posiblemente otra alusión burlesca al aspecto del personaje.

24   Existen dos pueblos en Extremadura, con el nombre de Garrobillas. Acaso Cervantes no tiene la intención de localizar concretamente el lugar de la acción y solo pretende burlarse de nuevo de la rusticidad de los aldeanos. El nombre tiene que ver con *algarrobo*, árbol que produce una semilla comestible para los animales.

25   Los hijos del gobernador, quizá con una connotación peyorativa.

26   No importa hacer ahora su elogio, porque se podrá aprovechar más adelante.

27   El árbol conocido hoy como *peral*.

peras; la parra, uvas y el honrado, honra, sin poder hacer otra cosa.

Benito   Sentencia ciceronianca,[28] sin quitar ni poner un punto.[29]

Capacho   Ciceroniana quiso decir el señor alcalde Benito Repollo.[30]

Benito   Siempre quiero decir lo que es mejor, sino que las más veces[31] no acierto. En fin, buen hombre, ¿qué queréis?

Chanfalla   Yo, señores míos, soy Montiel,[32] el que trae el retablo de las maravillas. Hanme enviado a llamar de la corte los señores cofrades de los hospitales,[33] porque no hay autor de comedias

28   Es decir, *ciceroniana*, de Cicerón, por evidente muestra de incultura del aldeano.
29   Sin cambiar nada de cómo está dicha.
30   Corrección de vocablos similar a la que se encuentra en el *Quijote* a propósito de Sancho y otros personajes de similar incultura, a los que corrige don Quijote.
31   La mayoría de las ocasiones.
32   En la novela cervantina *El coloquio de los perros*, también aparece el personaje de Montiel, hijo de la bruja la Montiela. Montiel es una villa de Ciudad Real.
33   Los hospitales de la caridad de Madrid se mantenían de los ingresos de los corrales o teatros, buena parte de los cuales iban a parar a las cofradías o congregaciones de devotos (*cofrades*) que atendían dichos hospitales.

en ella y perecen los hospitales, y con mi ida se remediará todo.

Gobernador   ¿Y qué quiere decir «retablo de las maravillas»?

Chanfalla   Por las maravillosas cosas que en él se enseñan y muestran, viene a ser llamado «retablo de las maravillas», el cual fabricó y compuso el sabio Tontonelo[34] debajo de tales paralelos, rumbos, astros y estrellas, con tales puntos, caracteres y observaciones,[35] que ninguno puede ver las cosas que en él se muestran que tenga alguna raza de confeso[36] o no sea habido y procreado de sus padres de legítimo matrimonio;[37] y el que fuere contagiado destas dos tan usadas enfermedades despídase de ver las cosas jamás vistas ni oídas de mi retablo.

Benito   Ahora echo de ver que cada día se ven en el mundo cosas nuevas. ¿Y que se llamaba Tontonelo el sabio que el retablo compuso?

34   Los ingenieros que fabrican la maquinaria (también de los teatros) solían ser de procedencia italiana, de ahí el sufijo -elo. Claramente el nombre es cómico y supone una nueva burla de los aldeanos.
35   Términos todos que tienen que ver con la astrología, ciencia por medio de la medición de planetas y estrellas ayudaba a predecir hechos y otras cosas.
36   Es decir, converso o cristiano nuevo, el que tenía antepasados moros o judíos.
37   El que sea hijo de una unión fuera del matrimonio cristiano.

Chirinos   Tontonelo se llamaba, nacido en la ciudad de Tontonela; hombre de quien hay fama que le llegaba la barba a la cintura.[38]

Benito   Por la mayor parte, los hombres de grandes barbas son sabihondos.[39]

Gobernador   Señor regidor Juan Castrado, yo determino, debajo de su buen parecer, que esta noche se despose la señora Teresa Castrada,[40] su hija, de quien yo soy padrino, y en regocijo de la fiesta, quiero que el señor Montiel muestre en vuestra casa su retablo.

Juan   Eso tengo yo por servir al señor gobernador, con cuyo parecer me convengo, entablo y arrimo,[41] aunque haya otra cosa en contrario.

Chirinos   La cosa que hay en contrario es que si no se nos paga primero nuestro trabajo, así verán las fi-

38   Como se pintaba a los hombres sabios o los magos, que se dedican a artes como la hechicería o la astrología.
39   Muy sabios, a veces en sentido peyorativo.
40   Era habitual en la época que los apellidos femeninos tomaran una distinta terminación de género a los masculinos (recuérdese que a las mujeres de la familia Cervantes se las llamaba «las Cervantas»).
41   Acumulación de verbos con el mismo o similar significado con la misma intención amplificatoria de pretender dar solemnidad a la expresión.

guras como por el cerro de Úbeda.[42] ¿Y vuestras mercedes, señores justicias, tienen conciencia y alma en esos cuerpos? Bueno sería que entrase esta noche todo el pueblo en casa del señor Juan Castrado, o como es su gracia,[43] y viese lo contenido en el tal retablo y mañana, cuando quisiésemos mostralle al pueblo, no hubiese ánima que le viese. No, señores; no, señores, *ante omnia*[44] nos han de pagar lo que fuere justo.

Benito   Señora autora, aquí no os ha de pagar ninguna Antona, ni ningún Antoño,[45] el señor regidor Juan Castrado os pagará más que honradamente y, si no, el Concejo.[46] ¡Bien conocéis el lugar, por cierto! Aquí, hermana, no aguardamos a que ninguna Antona pague por nosotros.

Capacho   ¡Pecador de mí,[47] señor Benito Repollo, y qué lejos da del blanco![48] No dice la señora autora

42   Frase proverbial, más frecuente en plural (*por los cerros de Úbeda*) que se refiere a lo disparatado de alguna cosa.

43   Su nombre.

44   «Ante todo», expresión latina de uso en el lenguaje jurídico, cuyo sentido se explica más adelante.

45   La prevaricación lingüística que hace confundir al aldeano la fórmula *ante omnia* con los nombres propios que menciona.

46   Ayuntamiento, junta del consistorio del pueblo.

47   Equivalente a la expresión *Pobre de mí*.

48   Cuánto se equivoca como el que no acierta cuando dispara a un objetivo.

que pague ninguna Antona, sino que le paguen adelantado y ante todas cosas, que eso quiere decir *ante omnia.*

Benito   Mirad, escribano Pedro Capacho, haced vos que me hablen a derechas,[49] que yo entenderé a pie llano.[50] Vos, que sois leído y escribido,[51] podéis entender esas algarabías de allende,[52] que yo no.

Juan   Ahora bien, ¿contentarse ha el señor autor con que yo le dé adelantados media docena de ducados?[53] Y más que se tendrá cuidado que no entre gente del pueblo esta noche en mi casa.

Chanfalla   Soy contento,[54] porque yo me fío de la diligencia de vuestra merced y de su buen término.[55]

Juan   Pues véngase conmigo, recibirá el dinero y verá mi casa y la comodidad que hay en ella para mostrar ese retablo.

---

49   Bien, rectamente.
50   Sin rodeos.
51   Ser culto, es una fórmula que se repite para designar a quien sabe leer y escribir.
52   Otras lenguas distintas del español, de lugares alejados.
53   Moneda de la época de gran valor.
54   Me doy por satisfecho.
55   Cuidado y eficacia y buena ejecución en hacer algo.

Chanfalla   Vamos, y no se les pase de las mientes[56] las calidades que han de tener los que se atrevieren a mirar el maravilloso retablo.

Benito   A mi cargo queda eso, y sele decir que por mi parte puedo ir seguro a juicio, pues tengo el padre alcalde; cuatro dedos de enjundia[57] de cristiano viejo[58] rancioso[59] tengo sobre los cuatro costados de mi linaje.[60] Miren si veré el tal retablo...

Capacho   Todos le pensamos ver, señor Benito Repollo.

Juan   No nacimos acá en las malvas,[61] señor Pedro Capacho.

Gobernador   Todo será menester,[62] según voy viendo, señores alcalde, regidor y escribano.

Juan   Vamos, autor, y manos a la obra, que Juan Castrado me llamo, hijo de Antón Castrado y de

56   No se olviden.
57   De grasa, aquí metafóricamente para indicar que tiene profundidad en algo.
58   Es decir, que no tiene mezcla de moro o judío.
59   Rancio, añejo, antiguo.
60   Es decir, las cuatro partes de su familia que corresponden a cada uno de sus abuelos.
61   Frase hecha que significa que son de buena familia y no tienen bajo nacimiento. La *malva* es una planta.
62   Será necesario.

Juana Macha;[63] y no digo más en abono[64] y seguro que podré ponerme cara a cara y a pie quedo[65] delante del referido retablo.

Chirinos   ¡Dios lo haga![66]

Éntranse Juan Castrado y Chanfalla.

Gobernador   Señora autora, ¿qué poetas se usan ahora en la corte de fama y rumbo,[67] especialmente de los llamados cómicos?[68] Porque yo tengo mis puntas y collar[69] de poeta, y pícome de la farándula y carátula.[70] Veinte y dos comedias tengo, todas nuevas, que se veen las unas a las otras, y

63   Dicho de persona o animal de género femenino, que no puede tener descendencia. De ahí la paradoja, porque también es hija de Juan Castrado.
64   En garantía.
65   Enfrentarse a algo directamente y sin quitarse de delante.
66   Fórmula para expresar que ojalá se cumpla algo.
67   Importantes o de éxito.
68   Es decir, dramáticos, autores de comedias.
69   Metafóricamente, tener asomos de algo o cultivarlo por interés personal.
70   Es decir, el teatro, al que se alude con la máscara o *carátula*. Es sugerente pensar que podría hacer referencia a alguien como el autor dramático Matías de los Reyes (1581-1640), administrador de alcabalas de la Orden de Alcántara, en Villanueva de la Serena (Badajoz), que escribía comedias ya a los veinte años y que publicó en impresos sueltos en 1622, y compartía este sentimiento de «destierro» de la corte.

estoy aguardando coyuntura[71] para ir a la corte y enriquecer con ellas media docena de autores.[72]

Chirinos   A lo que vuestra merced, señor gobernador, me pregunta de los poetas, no le sabré responder, porque hay tantos, que quitan el Sol[73] y todos piensan que son famosos. Los poetas cómicos son los ordinarios y que siempre se usan, y así no hay para qué nombrallos. Pero dígame vuestra merced, por su vida, ¿cómo es su buena gracia?, ¿cómo se llama?

Gobernador A mí, señora autora, me llaman el licenciado Gomecillos.

Chirinos   ¡Válame Dios! ¿Y que vuestra merced es el señor licenciado Gomecillos,[74] el que compuso aquellas coplas tan famosas de «Lucifer estaba malo y tómale mal de fuera»?[75]

Gobernador Malas lenguas[76] hubo que me quisieron ahijar esas coplas, y así fueron mías como del Gran

---

71   Momento apropiado.
72   O directores de compañía de cómicos.
73   Hay tal multitud que tapan el sol y proyectan sombra.
74   Nuevo nombre burlesco, en este caso por el diminutivo.
75   Versos de disparates relacionados con el diablo.
76   Murmuraciones.

Turco.[77] Las que yo compuse, y no lo quiero negar, fueron aquellas que trataron del diluvio de Sevilla; que, puesto que los poetas son ladrones unos de otros, nunca me precié de hurtar nada a nadie. Con mis versos me ayude Dios y hurte el que quisiere.

Vuelve Chanfalla.

Chanfalla   Señores, vuestras mercedes vengan, que todo está a punto y no falta más que comenzar.

Chirinos   ¿Está ya el dinero in corbona?[78]

Chanfalla   Y aun entre las telas del corazón.[79]

Chirinos   Pues doyte por aviso, Chanfalla, que el gobernador es poeta.

Chanfalla   ¿Poeta? ¡Cuerpo del mundo![80] Pues dale por engañado, porque todos los de humor semejante son hechos a la mazacona,[81] gente descuidada, crédula y no nada maliciosa.

---

77   Es forma proverbial que se usa para negar algo, aludiendo al emperador de los turcos.
78   Fórmula latina: guardado en el tesoro, en la bolsa.
79   En lo más interno.
80   *Cuerpo de Dios*, interjección eufemística, que evita aludir a la divinidad.
81   Al azar, sin un cuidado especial.

Benito   Vamos, autor, que me saltan los pies[82] por ver esas maravillas.

Éntranse todos.

Salen Juana Castrada y Teresa Repolla, labradoras; la una como desposada,[83] que es la Castrada.

Castrada   Aquí te puedes sentar, Teresa Repolla amiga, que tendremos el retablo enfrente y, pues sabes las condiciones que han de tener los miradores[84] del retablo, no te descuides, que sería una gran desgracia.

Teresa   Ya sabes, Juan Castrada, que soy tu prima y no digo más. Tan cierto tuviera yo el cielo como tengo cierto ver todo aquello que el retablo mostrare. ¡Por el siglo de mi madre,[85] que me sacase los mismos ojos de mi cara, si alguna desgracia me aconteciese![86] ¡Bonita soy yo[87] para eso!

Castrada   Sosiégate,[88] prima, que toda la gente viene.

82   Se me mueven como intentando bailar.
83   Prometida en matrimonio, a punto de casarse.
84   Espectadores.
85   Frase interjectiva en que se evoca el tiempo pasado de una persona querida.
86   Me sucediese.
87   Menudo soy yo para algo.
88   Cálmate.

*Entran el gobernador, Benito Repollo, Juan Castrado, Pedro
Capacho, el autor y la autora, y el músico y otra gente del
pueblo, y un sobrino de Benito, que ha de ser aquel gentil-
hombre[89] que baila.*

Chanfalla   Siéntense todos. El retablo ha de estar detrás
             deste repostero[90] y la autora también, y aquí el
             músico.

Benito   ¿Músico es este? Métanle también detrás del
             repostero, que a trueco de[91] no velle, daré por
             bien empleado el no oílle.[92]

Chanfalla   No tiene vuestra merced razón, señor alcalde
             Repollo, de descontentarse del músico, que en
             verdad que es muy buen cristiano y hidalgo de
             solar conocido.[93]

Gobernador   ¡Calidades son bien necesarias para ser buen
             músico![94]

89   Hombre de origen noble o comportamiento caballeresco, ga-
     lán.
90   Paño similar a un tapiz que sirve para adornar las paredes.
91   A cambio de.
92   *Verle... oírle*, por asimilación entre el infinitivo y el pronombre.
93   Noble de casa conocida, es decir, de buena familia.
94   Irónicamente, puesto que es indiferente el origen para ser buen
     artífice de la música.

Benito   De solar bien podrá ser; mas de sonar,[95] *abre-nuncio*.[96]

Rabelín   Eso se merece el bellaco que se viene a sonar[97] delante de...

Benito   Pues, por Dios, que hemos visto aquí sonar a otros músicos tan...

Gobernador   Quédese esta razón en el «de» del señor Rabel y en el «tan»[98] del alcalde, que será proceder en infinito,[99] y el señor Montiel comience su obra.

Benito   Poca balumba[100] trae este autor para tan gran retablo.

Juan   Todo debe de ser de maravillas.

Chanfalla   ¡Atención, señores, que comienzo! Oh tú, quien-quiera que fuiste, que fabricaste este retablo con tan maravilloso artificio,[101] que alcanzó re-

95 La paronomasia entre estas dos palabras busca de nuevo pro-ducir un efecto cómico.
96 Por *abernuncio*, «renuncio al diablo» por etimología popular de la expresión latina.
97 La comicidad se establece ahora porque el verbo puede signifi-car también «limpiarse los mocos».
98 Alude al discurso interrumpido de los dos personajes anteriores.
99 Proceder en infinito: nunca acabar.
100 Poco bulto o conjunto de materiales.
101 Arte o ingenio con que está hecho algo.

nombre «de las maravillas» por la virtud que en él se encierra, te conjuro, apremio y mando[102] que luego incontinente[103] muestres a estos señores algunas de las tus maravillosas maravillas, para que se regocijen y tomen placer[104] sin escándalo alguno.

Ea, que ya veo que has otorgado mi petición, pues por aquella parte asoma la figura del valentísimo Sansón,[105] abrazado con las colunas del templo para derriballe por el suelo y tomar venganza de sus enemigos. ¡Tente, valeroso caballero; tente, por la gracia de Dios padre! ¡No hagas tal desaguisado,[106] porque no cojas debajo y hagas tortilla[107] tanta y tan noble gente como aquí se ha juntado!

Benito   ¡Téngase,[108] cuerpo de tal,[109] conmigo! Bueno sería que en lugar de habernos venido a holgar[110] quedásemos aquí hechos plasta. ¡Tén-

102 Sinónimos que se utilizaban para invocar a alguien como el diablo o, como en este caso, a un mago.
103 Al momento.
104 Se alegren.
105 Alude al personaje bíblico de fuerza descomunal, que derribó el templo de los filisteos.
106 Cosa mal hecha, agravio.
107 Aplastes o hagas pedazos. Más adelante se dice *hechos plasta* o «aplastados».
108 Deténgase, estese quieto.
109 Nuevo eufemismo para evitar la fórmula *Cuerpo de Dios*.
110 Divertirse.

gase, señor Sansón, pesia a mis males, que se lo ruegan buenos!

Capacho   ¿Veisle vos, Castrado?

Juan   ¿Pues no le había de ver? ¿Tengo yo los ojos en el colodrillo?[111]

Gobernador (Milagroso caso es este: así veo yo a Sansón ahora como el Gran Turco. Pues en verdad que me tengo por legítimo y cristiano viejo.)

Chirinos   ¡Guárdate, hombre, que sale el mesmo toro que mató al ganapán[112] en Salamanca! ¡Échate, hombre; échate, hombre! ¡Dios te libre, Dios te libre!

Chanfalla   ¡Échense todos, échense todos! ¡Hucho ho!, ¡hucho ho!, ¡hucho ho![113]

Échanse todos y alborótanse.

111 Familiarmente, la nuca.
112 Hombre rudo y tosco.
113 Voz interjectiva con la que se incita al toro a embestir.

Benito   El diablo lleva en el cuerpo[114] el torillo, sus
            partes tiene de hosco y de bragado.[115] ¡Si no me
            tiendo, me lleva de vuelo![116]

Juan   Señor autor, haga, si puede, que no salgan fi-
            guras que nos alboroten, y no lo digo por mí,
            sino por estas mochachas,[117] que no les ha que-
            dado gota de sangre en el cuerpo[118] de la fero-
            cidad del toro.

Castrada   ¡Y cómo, padre! No pienso volver en mí en
            tres días, ya me vi en sus cuernos, que los tiene
            agudos como una lesna.[119]

Juan   No fueras tú mi hija y no lo vieras.

Gobernador (Basta, que todos ven lo que yo no veo; pero
            al fin habré de decir que lo veo por la negra
            honrilla.)[120]

114 *Tener el diablo en el cuerpo* significa que alguien o algo tiene
     gran movimiento.
115 Oscuro y de otro color en la entrepierna.
116 Me lanza por los aires.
117 Variante de *muchacha* en la época.
118 El susto les ha quitado el color de cara, de ahí la idea de que no
     les ha quedado sangre.
119 Término de comparación de los cuernos con una *lezna* o pun-
     zón, instrumento de hierro con punta afilada.
120 Por mantener la reputación que tengo como persona honrada.

Chirinos   Esa manada de ratones que allá va deciende
            por línea recta de aquellos que se criaron en el
            arca de Noé;[121] dellos son blancos, dellos albara-
            zados, dellos jaspeados[122] y dellos azules, y final-
            mente todos son ratones.

Castrada   ¡Jesús, ay de mí! ¡Ténganme, que me arro-
            jaré por aquella ventana! ¡Ratones! ¡Desdi-
            chada! Amiga, apriétate las faldas, y mira no
            te muerdan. ¡Y monta que[123] son pocos! ¡Por el
            siglo de mi abuela,[124] que pasan de milenta![125]

Repolla   Yo sí soy la desdichada, porque se me entran sin
            reparo[126] ninguno. Un ratón morenico me tiene
            asida[127] de una rodilla. ¡Socorro venga del cielo,
            pues en la tierra me falta![128]

121 Nueva alusión bíblica, en este caso a la nave en la que Noé sal-
    vó del diluvio al género humano y a las diversas especies de ani-
    males.
122 De color blanco, y con vetas o pintas como el jaspe, una piedra
    preciosa.
123 Interjección popular, «anda que».
124 Nuevo juramento burlesco, como el anterior *Por el siglo de mi
    madre*.
125 Más de mil, neologismo burlesco construido con *mil* y la termi-
    nación propia de los numerales, *cuarenta*, *cincuenta*...
126 Sin vergüenza.
127 Tomada.
128 Es frase hecha, que a veces se cambia por *Justicia venga del cie-
    lo*... y que significa que ya que no se encuentra ayuda entre los
    presentes, se pide la de Dios.

Benito   Aun bien que tengo gregüescos,[129] que no hay ratón que se me entre por pequeño que sea.

Chanfalla   Esta agua, que con tanta priesa[130] se deja descolgar de las nubes, es de la fuente que da origen y principio al río Jordán.[131] Toda mujer a quien tocare en el rostro se le volverá como de plata bruñida[132] y a los hombres se les volverán las barbas como de oro.[133]

Castrada   ¿Oyes, amiga? Descubre el rostro, pues ves lo que te importa. ¡Oh, qué licor tan sabroso! Cúbrase, padre, no se moje.

Juan   Todos nos cubrimos, hija.

Benito   Por las espaldas me ha calado el agua hasta la canal maestra.[134]

---

129 Calzones ajustados que llevaban los hombres.
130 Variante común en la poca de la actual *prisa*.
131 Río de Palestina donde fue bautizado Cristo, que según la creencia de la época rejuvenecía a los que se mojaban en sus aguas, de ahí las alusiones posteriores.
132 Reluciente.
133 Es decir, que se les volvía el color rubio de las barbas, cuando ya las tenían encanecidas.
134 Me ha mojado el agua hasta el trasero o cauce más importante por donde se introduce el agua. Es una expresión eufemística, que tal vez proviene del léxico de la construcción.

Capacho   (Yo estoy más seco que un esparto.)[135]

Gobernador (¿Qué diablos puede ser esto, que aún no me ha tocado una gota, donde todos se ahogan? ¿Mas si viniera yo a ser bastardo[136] entre tantos legítimos?)

Benito   ¡Quítenme de allí aquel músico; si no, voto a Dios que me vaya sin ver más figura! Válgate el diablo[137] por músico aduendado[138] y que hace de menudear sin cítola y sin son.[139]

Rabelín   Señor alcalde, no tome conmigo la hincha,[140] que yo toco como Dios ha sido servido de enseñarme.

Benito   ¿Dios te había de enseñar, sabandija?[141] ¡Métete tras la manta; si no, por Dios que te arroje este banco!

135 Término de comparación que se establece con una planta, el *esparto*, que se cría en terrenos áridos y secos.
136 Es decir, hijo no legítimo, no habido de sus padres en matrimonio.
137 Juramento denigratorio hacia alguien.
138 Con figura de duende, personaje fantástico y de pequeña estatura que se dedicaba a hacer travesuras en las casas.
139 Repetir acciones como la de tocar un instrumento musical de cuerda, la *cítola*, sin sonido.
140 No sienta odio hacia mí, no la tome conmigo.
141 Alimaña, mote despectivo.

Rabelín   (El diablo creo que me ha traído a este pueblo.)

Capacho   Fresca es el agua del santo río Jordán y, aunque
             me cubrí lo que pude, todavía me alcanzó un
             poco en los bigotes, y apostaré que los tengo
             rubios como un oro.

Benito   Y aun peor cincuenta veces.[142]

Chirinos   Allá van hasta dos docenas de leones ram-
             pantes[143] y de osos colmeneros.[144] Todo viviente
             se guarde, que, aunque fantásticos, no dejarán
             de dar alguna pesadumbre[145] y aun de hacer las
             fuerzas de Hércules con espadas desenvaina-
             das.[146]

Juan   ¡Ea, señor autor, cuerpo de nosla![147] ¿Y agora
             nos quiere llenar la casa de osos y de leones?

142 «Y todavía más», suele decirse con ironía.
143 Los que se representan levantados sobre las patas traseras,
     como se ve en los escudos de armas.
144 Los que comen colmenas de abejas.
145 Pena, dolor.
146 Especie de danza con espadas, en las que intervenían varios
     hombres que se golpeaban en los escudos que llevaban.
147 Juramento eufemístico y rústico para evitar decir *Cuerpo de
     Cristo. Nosla* se usa en lugar de *nos* y es similar a expresiones
     como *Diosla*, por *Dios*.

Benito   ¡Mirad qué ruiseñores y calandrias[148] nos envía Tontonelo, sino leones y dragones! Señor autor, y salgan figuras más apacibles o aquí nos contentamos con las vistas y Dios le guíe[149] y no pare más en el pueblo un momento.

Castrada   Señor Benito Repollo, deje salir ese oso y leones, siquiera por nosotras y recebiremos mucho contento.

Juan   Pues, hija, ¿de antes te espantabas de los ratones y agora pides osos y leones?

Castrada   Todo lo nuevo aplace,[150] señor padre.

Chirinos   Esa doncella que agora[151] se muestra tan galana y tan compuesta[152] es la llamada Herodías,[153] cuyo baile alcanzó en premio la cabeza del precursor de la vida.[154] Si hay quien la ayude a bailar, verán maravillas.

148 Dos aves de canto agradable.
149 Váyase usted con Dios de aquí.
150 Las novedades gustan, sobre todo a las jóvenes.
151 Adverbio que convive en la época con el actual *ahora*.
152 Bella y adornada.
153 Mujer de Herodes Antipas, según la Biblia, cuya hija Salomé, después de bailar, solicitó en premio la cabeza de san Juan Bautista.
154 San Juan Bautista, que bautizó a Cristo en el Jordán.

Benito   ¡Esta sí, cuerpo del mundo, que es figura hermosa, apacible y reluciente![155] ¡Hideputa[156] y cómo que se vuelve la mochacha! Sobrino Repollo, tú que sabes de achaque de castañetas,[157] ayúdala y será la fiesta de cuatro capas.[158]

Sobrino   Que me place,[159] tío Benito Repollo.

Tocan la zarabanda.

Capacho   ¡Toma mi abuelo![160] ¡Si es antiguo el baile[161] de la zarabanda y de la chacona![162]

---

155 Bella, que trasmite paz y brilla.
156 *Hijo de puta*, exclamación sin intención denigratoria.
157 Que sabe tocar las castañuelas, un instrumento musical que consiste en dos piezas de madera que se chocan una contra otra.
158 De gran importancia.
159 Me gusta, estoy de acuerdo.
160 Expresión rústica de sorpresa como la anterior referida a la madre.
161 Por cuanto se conocía ya en los tiempos bíblicos, según las figuras que han ido saliendo.
162 Dos bailes populares, muy mal vistos por los moralistas de la época por sus movimientos lascivos. Eran muy propios del entremés.

Benito   ¡Ea, sobrino, ténselas tiesas[163] a esa bellaca jodía![164] Pero, si esta es jodía, ¿cómo vee estas maravillas?

Chanfalla   Todas las reglas tienen excepción,[165] señor alcalde.

Suena una trompeta, o corneta dentro del teatro, y entra un furrier de compañías.

Furrier   ¿Quién es aquí el señor gobernador?

Gobernador   Yo soy. ¿Qué manda vuestra merced?

Furrier   Que luego al punto[166] mande hacer alojamiento para treinta hombres de armas[167] que llegarán aquí dentro de media hora y aun antes, que ya suena la trompeta. Y adiós.

Benito   Yo apostaré que los envía el sabio Tontonelo.[168]

163 Frase hecha que significa «demuestra a alguien que estás a su altura, enfrentándote a él».

164 Pícara judía, que sin embargo no podría ver el retablo por no ser cristiana vieja.

165 Nueva frase hecha que establece que toda norma tiene algún aspecto que no se cumple.

166 Inmediatamente.

167 Soldados que forman una compañía, la tropa mandada por un capitán.

168 Los aldeanos confunden la realidad con la ficción y piensan que los soldados también son producto del retablo fantástico.

Chanfalla   No hay tal, que esta es una compañía de caballos que estaba alojada dos leguas[169] de aquí.

Benito   Ahora yo conozco bien a Tontonelo y sé que
vos y él sois unos grandísimos bellacos, no per-
donando al músico. Y mirad que os mando que
mandéis a Tontonelo no tenga atrevimiento de
enviar estos hombres de armas, que le haré dar
docientos azotes en las espaldas[170] que se vean
unos a otros.

Chanfalla   Digo, señor alcalde, que no los envía Tontonelo.

Benito   Digo que los envía Tontonelo, como ha enviado
las otras sabandijas que yo he visto.

Capacho   Todos las habemos visto, señor Benito Repollo.

Benito   No digo yo que no, señor Pedro Capacho. ¡No
toques más, músico de entre sueños,[171] que te
romperé la cabeza!

Vuelve el furrier.

169 Medida de camino antigua, que equivalía a un poco más de 5
kilómetros.
170 Una manera de castigar los delitos con el látigo.
171 De pesadilla.

Furrier   Ea, ¿está ya hecho el alojamiento? Que ya están los caballos en el pueblo.

Benito   ¿Que todavía ha salido con la suya Tontonelo? ¡Pues yo os voto a tal,[172] autor de humos y de embelecos,[173] que me lo habéis de pagar!

Chanfalla   Séanme testigos que me amenaza el alcalde.

Chirinos   Séanme testigos que dice el alcalde que lo que manda su majestad lo manda el sabio Tontonelo.[174]

Benito   Atontoneleada[175] te vean mis ojos, plega a Dios[176] todopoderoso.

Gobernador   Yo para mí tengo que verdaderamente estos hombres de armas no deben de ser de burlas.

Furrier   ¿De burlas habían de ser, señor gobernador? ¿Está en su seso?[177]

172 Juramento eufemístico para evitar *Voto a Dios* o similar.
173 Falsedades, engaños.
174 Delito grave, de los llamados *de lesa majestad*, por cuanto se identifica una orden del rey con un acto del sabio autor del retablo.
175 Nuevo neologismo burlesco construido a partir del nombre de Tontonelo.
176 Ruega a Dios.
177 En su juicio, en sus cabales.

Juan	Bien pudieran ser atontonelados, como esas cosas habemos visto aquí. Por vida del autor, que haga salir otra vez a la doncella Herodías porque vea este señor lo que nunca ha visto. Quizá con esto le cohecharemos[178] para que se vaya presto del lugar.
Chanfalla	Eso en buen hora,[179] y veisla aquí a dó[180] vuelve y hace de señas[181] a su bailador[182] a que de nuevo la ayude.
Sobrino	Por mí no quedará, por cierto.
Benito	¡Eso sí, sobrino, cánsala, cánsala; vueltas y más vueltas! ¡Vive Dios que es un azogue[183] la muchacha! ¡Al hoyo, al hoyo! ¡A ello, a ello![184]
Furrier	(¿Está loca esta gente? ¿Qué diablos de doncella es esta y qué baile y qué Tontonelo?)
Capacho	¿Luego no vee la doncella herodiana[185] el señor furrier?

178 Le compraremos para que no se produzca el alojamiento.
179 Equivalente al actual en buena hora.
180 Dónde, forma habitual en la época.
181 Hace gestos.
182 La persona que la ayuda en el baile.
183 Se mueve tanto como el mercurio cuando se desparrama.
184 Fórmulas para animar al baile tocando palmas o las castañuelas.
185 De Herodes.

Furrier   ¿Qué diablos de doncella tengo de ver?

Capacho   ¡Basta! ¡De *ex illis* es![186]

Gobernador   ¡De *ex illis* es, de *ex illis* es!

Juan   ¡Dellos es, dellos el señor furrier, dellos es!

Furrier   ¡Soy de la mala puta que los parió![187] ¡Y, por Dios vivo, que si echo mano a la espada,[188] que los haga salir por las ventanas, que no por la puerta!

Capacho   ¡Basta! ¡De *ex illis* es!

Benito   ¡Basta! ¡Dellos es, pues no vee nada!

Furrier   ¡Canalla barretina![189] ¡Si otra vez me dicen que soy dellos, no les dejaré hueso sano![190]

Benito   Nunca los confesos ni bastardos fueron valientes y por eso no podemos dejar de decir: «¡Dellos es, dellos es!».

186 De ellos, es decir confeso o no legítimo. Es fórmula latina.
187 Frase exclamativa y denigratoria.
188 Si desenvaino la espada; más adelante *mete mano* a la espada.
189 Gente de pueblo que lleva como gorro en la cabeza una barretina, prenda característica de los villanos.
190 Los maltrataré y romperé los huesos.

Furrier   ¡Cuerpo de Dios con los villanos! ¡Esperad!

Mete mano a la espada y acuchíllase con todos, y el alcalde aporrea al rabellejo[191] y la Cherinos descuelga la manta y dice:

Chirinos   El diablo ha sido la trompeta y la venida de los hombres de armas. Parece que los llamaron con campanilla.[192]

Chanfalla   El suceso[193] ha sido extraordinario, la virtud del retablo se queda en su punto[194] y mañana lo podemos mostrar al pueblo. Y nosotros mismos podemos cantar el triunfo desta batalla, diciendo: «¡Vivan Chirinos y Chanfalla!».

191 Como *rabelín*, diminutivo y despectivo referido al músico.
192 Como se llama cuando alguien quiere atraer la atención, la trompeta que anunciaba a los soldados ha sido providencial para acabar la pieza.
193 Éxito.
194 Intacta, sin mancha alguna.

Libros a la carta

A la carta es un servicio especializado para
empresas,
librerías,
bibliotecas,
editoriales
y centros de enseñanza;
y permite confeccionar libros que, por su formato y concepción, sirven a los propósitos más específicos de estas instituciones.

Las empresas nos encargan ediciones personalizadas para marketing editorial o para regalos institucionales. Y los interesados solicitan, a título personal, ediciones antiguas, o no disponibles en el mercado; y las acompañan con notas y comentarios críticos.

Las ediciones tienen como apoyo un libro de estilo con todo tipo de referencias sobre los criterios de tratamiento tipográfico aplicados a nuestros libros que puede ser consultado en Linkgua-ediciones.com .

Linkgua edita por encargo diferentes versiones de una misma obra con distintos tratamientos ortotipográficos (actualizaciones de carácter divulgativo de un clásico, o versiones estrictamente fieles a la edición original de referencia).

Este servicio de ediciones a la carta le permitirá, si usted se dedica a la enseñanza, tener una forma de hacer pública su interpretación de un texto y, sobre una versión digitalizada «base», usted podrá introducir interpretaciones del texto fuente. Es un tópico que los profesores denuncien en clase los desmanes de una edición, o vayan comentando errores de interpretación de un texto y esta es una solución útil a esa necesidad del mundo académico.

Asimismo publicamos de manera sistemática, en un mismo catálogo, tesis doctorales y actas de congresos académicos, que son distribuidas a través de nuestra Web.

El servicio de «libros a la carta» funciona de dos formas.

1. Tenemos un fondo de libros digitalizados que usted puede personalizar en tiradas de al menos cinco ejemplares. Estas personalizaciones pueden ser de todo tipo: añadir notas de clase para uso de un grupo de estudiantes, introducir logos corporativos para uso con fines de marketing empresarial, etc. etc.

2. Buscamos libros descatalogados de otras editoriales y los reeditamos en tiradas cortas a petición de un cliente.